L'ŒUVRE

DES

ALSACIENS - LORRAINS

A TROYES

RAPPORT

*Lu à l'Assemblée générale du 23 septembre
du Congrès des Œuvres ouvrières, tenu à Troyes en 1884*

Par le R. P. JUNG, S. J.

PARIS

J. MERSCH, IMPRIMEUR

22, PLACE DENFERT-ROCHEREAU

—

1885

L'ŒUVRE

DES

ALSACIENS - LORRAINS

A TROYES

RAPPORT

Lu à l'Assemblée générale du 23 septembre
du Congrès des Œuvres ouvrières, tenu à Troyes en 1884

Par le R. P. JUNG, S. J.

PARIS

J. MERSCH, IMPRIMEUR

22, PLACE DENFERT-ROCHEREAU

1885

L'ŒUVRE
DES ALSACIENS-LORRAINS A TROYES

Monseigneur, (1)
Mesdames, Messieurs,

Avant l'année 1870, la ville de Troyes comptait environ un millier d'Alsaciens, dont s'occupèrent en dernier lieu MM. les abbés Tissut et d'Antessanty.

Ce que nous appelons l'Œuvre des Alsaciens-Lorrains est une création postérieure à cette date malheureuse.

Pour rester français et vivre sous un gouvernement catholique, 100,000 Alsaciens et Lorrains s'exilèrent volontairement. La ville de Troyes, l'une des plus hospitalières de la France, accueillit, à elle seule, plusieurs milliers d'ouvriers de Mulhouse et des autres centres industriels du Haut-Rhin. M. le Préfet de l'Aube ouvrit une souscription et l'on vit les habitants de la ville venir en aide, avec une émulation touchante, au patriotisme malheureux des 5,000 émigrés qui étaient venus demeurer à Troyes, ou qui n'y restèrent qu'en passant.

Dans le comité établi pour répartir les secours et dont M. le Préfet (2) était le Président, figurèrent les noms les plus honorables de la ville : celui de M. le Président de la Société de Saint-Vincent de Paul, celui de l'Œuvre des Cercles catholiques et surtout celui (maintenant écrit dans le livre de vie), du si regretté et dévoué Charles Simonnot, qui depuis, en 10 ans, s'est occupé de 300 mariages d'Alsaciens (3).

Les habitants de la ville s'étaient laissés émouvoir par les

1. Mgr Cortet, évêque de Troyes, président du Congrès.
2. M. Paul Cambon.
3. Membres du Comité : MM. Brunck R., Broussey, Em. Buxtorf, Coquet-Vivien, Desforges, H. Douine, Falck, Fréminet, Em. Hoppenot, Eus. Journé, G. Masson, Evrard, F. Fontaine, A. Martel, Aug. Mortier, Ch. Poron, Am. Poron, Ch. Simonnot, Chéron-Quincarlet, Jolly, Bazin-Frérot, Saussier-Charve, Henry, maire; G. Henot, Ch. Berthier, Berthier-Roblot.

besoins matériels des exilés ; Monseigneur l'évêque alla plus loin, il étendit jusqu'à leurs âmes sa sollicitude pastorale. Ayant deviné le besoin le plus intime de cette population profondément catholique, Mgr Ravinel fonda l'*Œuvre des Alsaciens-Lorrains* et donna à cette portion si religieuse de son troupeau, un pasteur qui n'eût à s'occuper que de leurs intérêts spirituels. La Providence servit admirablement ses desseins.

Il adressa, le 18 octobre 1872, une circulaire à MM. les Curés de la ville, pour leur annoncer et leur faire annoncer au prône, l'existence de l'Œuvre nouvelle.

Après avoir fait un appel chaleureux à la générosité bien connue de ses chers diocésains, en ces termes : « Pourrions-nous accueillir, les mains vides et le cœur sec, des hommes qui, pour demeurer français, abandonnent même le pays où ils ont reçu la naissance. » Le vénérable prélat continua :

« Mais les secours matériels ne sont pas les seuls, qui leur soient nécessaires. Ils ont besoin, plus que jamais, des consolations de la religion ; et voici qu'*un de leurs compatriotes,* exilé, comme eux, d'une terre toujours chérie, quoique maintenant devenue inhospitalière, *un prêtre alsacien* de la Compagnie de Jésus, s'offre de lui-même à continuer un ministère, qu'il exerçait près de ses compatriotes habitués à la langue allemande. Grâce à lui, nos exilés trouveront ici quelque chose de ce qui leur rendait la patrie si douce. Ils pourront se réunir autour d'une chaire où ils entendront parler, dans leur langue habituelle, des biens et des récompenses que Dieu réserve à ceux qui supportent chrétiennement les épreuves de la vie présente. Ils pourront reprendre aux pieds des autels, l'harmonie de leurs chants religieux, et prier le Dieu de toute consolation de soutenir leur courage et de bénir ceux qui leur témoignent aujourd'hui une généreuse et fraternelle sympathie. »

Tandis que le vénérable curé de Saint-Nizier (1) mettait avec empressement son église à la disposition des exilés, les dimanches et fêtes, pour le sermon de 1 heure, et que le savant abbé d'Antessanty, vicaire de la paroisse, accordait au R. P. Directeur son entier concours, le R. P. Supérieur de la Rési-

1. M. Prévost.

dence (1), de son côté, leur ouvrit cette chapelle, qui leur devint si chère, pour les catéchismes, les confessions et les autres offices.

Plus de 20 années de dévouement à ses compatriotes de Paris et de Metz avaient préparé le R. P. Thro, nommé Directeur de l'œuvre, à ce nouvel apostolat. Il était l'homme de la circonstance. Amour passionné de l'Église, de la patrie alsacienne et de la patrie française; espérances patriotiques avec des illusions, alors permises; activité et enthousiasme de jeune homme, malgré ses soixante ans; éloquence ardente et imagée, voilà ce qui faisait de lui l'*apôtre* des Alsaciens.

Les dimanches et fêtes, il leur faisait une première instruction à la messe de *5 heures et demie;* à *1 heure*, un sermon avec salut à Saint-Nizier; à *6* et à *8 heures*, dans notre chapelle, un catéchisme de persévérance, ou les exercices de quelque dévotion chère aux Alsaciens, telle que le *Mois de Marie* ou les *6 dimanches de Saint-Louis de Gonzague;* en semaine, le catéchisme aux petits enfants, et aux premiers communiants.

Comme fruit de ses labeurs, *en moins de cinq mois*, 80 enfants avaient fait leur première confession; 40, leur première communion; 45 adultes, reçu le sacrement qui fait les forts; presque tous les Alsaciens, accompli leur devoir pascal; sur ce nombre, plus de 250 retours d'hommes à la Table sainte, qu'ils avaient désertée depuis plusieurs années.

Dans l'année, 2,000 confessions de dévotion; 1.400 francs d'aumônes recueillis et distribués de sa main (2); et cette superbe procession de la Fête-Dieu à laquelle prirent part 1200 à 1500 Alsaciens; 400 hommes, bannière alsacienne en tête, le chapelet à la main, récitèrent à voix haute le Rosaire, offrant à la ville le plus touchant spectacle de piété et de courage chrétien.

En 1875, il crut avoir terminé sa mission au milieu des Alsaciens de Troyes. L'obéissance l'envoya la même année, en résidence à Lille et de là, plus tard, dans la mission du Canada.

Son premier successeur, le R. P. Greff, se trouva, à son arrivée, dans une situation pénible. D'un côté, le comité alsa-

1. Le R. P. Charles Lacouture.
2. Le R. Père était assisté par un Conseil composé exclusivement d'Alsaciens-Lorrains. C'étaient MM. Violand, Redler, Zinck, etc.

cien avait cessé de fonctionner ; de l'autre, pas d'aumônes pour ses pauvres. Le P. Directeur n'avait à dépenser que sa personne.

Il établit au milieu de ses Alsaciens, l'œuvre de la Propagation de la Foi, qui prospère encore. En *10 années,* les Alsaciens, habitués jusque là à recevoir, ont donné à cette sainte œuvre, près de 3.000 francs et par l'importance de leur offrande annuelle, ils prennent rang après les 3 principales paroisses de la ville.

Sur ces entrefaites, Mgr Cortet succéda à Mgr Ravinet et adopta l'œuvre avec une tendresse, qui ne s'est pas démentie depuis bientôt 9 ans.

Le P. Greff succomba à la peine en moins de dix-huit mois. Le R. P. Zugmeyer, après lui, ne fit que passer. Il créa cependant avec son cœur de mère et d'apôtre, une *Congrégation* d'Enfants de Marie, qui compta, à son départ, une trentaine d'associées et un *Comité* composé de dames de la ville, distintinguées par leur rang, leur nom et leur piété, pour subvenir aux besoins des familles indigentes et nombreuses. Ces dames, au nombre d'environ 15, se réunissent *une fois* la semaine, pour travailler à la main et habiller les enfants pauvres, et leur permettre de fréquenter l'école et les offices divins. Elles se créent des ressources par des cotisations personnelles et celles d'une cinquantaine de membres honoraires ; les dernières années, elles ont eu recours à des loteries et ont fini par recevoir une subvention annuelle de la Société d'Alsace-Lorraine de Paris, qui a eu pour Président M. le comte d'Haussonville, de regrettée mémoire.

En parlant de notre Comité alsacien-lorrain, je dois un souvenir de reconnaissance et d'admiration à Mme Rondel, dont le mari a été, jusqu'en ces dernières années, ingénieur en chef du département de l'Aube. Elle a quitté notre ville, ce qui me met à l'aise pour parler de son dévouement. Son exquise piété et son patriotisme intelligent et catholique lui avait inspiré un amour de prédilection pour les émigrés alsaciens. Elle a été pendant cinq années l'âme du Comité, sans avoir jamais voulu en accepter la présidence. Son bonheur et sa distraction était de visiter les Alsaciens pauvres à domicile. Elle vivait pour eux, ne parlait que d'eux, leur créait, par ses relations, des amis sympathiques. Dans les quartiers, les plus pauvres, qu'elle visita de préférence, peu d'Alsaciens savaient son nom ; tous l'appelaient « la bonne Dame ».

Son départ de Troyes, en 1880, bien qu'elle aide encore à habiller nos premiers communiants, et continue de payer la pension d'un élève alsacien au petit séminaire, a été un deuil pour la colonie alsacienne et une perte irréparable pour le Comité. — Madame la Présidente actuelle, son amie et sa conquête pour l'Œuvre, n'a qu'une ambition, c'est de réparer cette perte. — Il y aurait encore à citer d'autres dévouements qui s'ignorent. Je nommerais volontiers une demoiselle de haute piété, dont le nom trahit une origine alsacienne, bien que son éducation soit toute française. Depuis huit ans, elle est la servante, les Alsaciens disent mieux : « l'Ange de nos pauvres et de nos malades ».

Il me reste à parler, en peu de mots, de l'état actuel de l'œuvre.

A l'époque, où j'en pris la direction en 1877, ses réunions, déjà réduites de moitié, se faisaient, à des heures différentes en deux églises : la chapelle de la résidence et l'église de Saint-Nizier, dont le nouveau curé (1) continuait alors les traditions de gracieuse hospitalité de son prédécesseur. L'église et la chapelle n'étaient centrales que pour une partie de la population alsacienne. J'en dis autant de l'église de Saint-Remi, où, pendant trois années, les Alsaciens furent accueillis avec grande sympathie.

Cette diversité d'heures et d'églises a été pour l'œuvre une cause de malaise, que chacun comprend. Dès avant mon arrivée, elle avait aspiré à en sortir et à n'avoir ses réunions qu'à une seule et même heure et en un seul et même lieu, plus central pour tout le monde. Après six années, la divine Providence y mit un terme, en fournissant à l'œuvre les moyens les plus inattendus d'arriver à la cathédrale pour tous ses exercices. Heureuse translation, à laquelle contribuèrent avec un zèle égal M. le Secrétaire particulier de

1. M. Jorry.

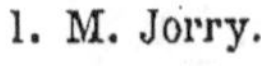

Monseigneur (1), MM. les vicaires de la cathédrale (2), le R. P. Supérieur de notre Maison (3), et par dessus tous, M. l'archiprêtre (4), toujours prêt, comme chacun sait, à tous les dévouements. Cette translation de l'Œuvre, Monseigneur daigna la ratifier, avec sa paternité ordinaire.

Dès lors, la *messe de communion*, le 3e dimanche de chaque mois et aux jours les plus solennels de l'année, y est fort bien suivie; *au sermon de 2 heures*, le nombre des auditeurs a doublé : il varie de 150 à 300. La réunion mensuelle des Enfants de Marie et celle de la Congrégation des hommes, sous le patronage de Saint-Joseph, atteignent le chiffre des beaux temps; le nombre des confessions de dévotion est monté à plus de 300 le mois dernier; à 500, pendant le seul mois du Rosaire 1883; il ira certainement pour l'année 1884, à 2,500. Les Pâques de cette année ont été au nombre de 640 parmi lesquelles j'en ai compté et noté dans mon carnet 188 d'hommes mariés ou de jeunes gens au-dessus de 17 ans. — Ces chiffres, surtout celui des hommes, peuvent paraître remarquables à ceux qui vivent dans notre ville — et j'ai la confiance de les élever encore sensiblement, d'ici aux Pâques prochaines (5).

Je passe sous silence nos dernières processions, auxquelles assistèrent cependant 70 à 80 hommes, et où près de 40 chantres firent retentir les voûtes de la cathédrale de leurs chants harmonieux. Je ne compte pas les catéchismes presque quotidiens de 1re communion; les mariages, qui réclament presque toutes les semaines, le ministère du Directeur; les unions réhabilitées tous les ans; les baptêmes d'enfants d'hérétiques; je ne dirais même rien d'une douzaine d'abjurations d'hérétiques alsaciens ou de vieux catholiques d'outre-Rhin, si je n'aimais à citer un petit trait, où l'on voit l'action de la grâce dans une enfant protestante de 9 ans, du nom d'Amélie.

1. M. Deheurles.

2. MM. Jaillant et Serisier.

3. Le R. P. Thiéry.

4. M. le chanoine Merger. Le lendemain de la dispersion, le P. Directeur se trouvant privé de son confessionnal, exposa sa situation à M. l'Archiprêtre : « Mon bon Père, répondit l'homme de Dieu, j'en ai trois de libres, je les mets à votre disposition. »

5. Ils se sont élevés en effet de 20 pour les hommes, de 40 pour le nombre total.

Amélie, l'aînée de six enfants, était venue, avec sa famille, à Troyes, d'un village protestant de l'Alsace, aux environs de Pâques 1879. Le père seul était catholique; mais quel catholique : il n'était marié qu'au temple.

Quatre semaines de séjour dans notre ville avaient suffi à Amélie, pour lui faire discerner la vérité catholique de l'erreur protestante. Voici le raisonnement qui la convainquit : « S'il existe entre les deux religions la différence que je vois entre la cathédrale et le temple protestant, mon choix est fait : je me ferai catholique ».

Dès lors, l'enfant refusa, à la grande désolation de ses parents, d'aller au prêche, ainsi qu'à l'école protestante.

Informé de la chose, je profite d'une indisposition du père, pour faire une apparition dans la maison.

Voici le résultat de cette visite : au bout de deux mois, la situation des parents est régularisée, les quatre plus jeunes enfants, baptisés; Amélie, avec sa sœur de huit ans, instruite dans la religion catholique et réconciliée avec l'Eglise; l'année suivante, l'heureuse enfant fait sa première communion. Pourquoi a-t-il fallu que, le matin de ce beau jour, un nuage vînt couvrir le front de l'innocente enfant? Avant de recevoir son Dieu, Amélie, vêtue de blanc et voilée de noir, accompagna à sa dernière demeure le corps de ce père, qui lui doit le salut de son âme (1).

Un mot seulement des moyens de l'Œuvre : ils ne diffèrent pas des moyens que sait trouver le zèle de tout bon prêtre.

1. Profiter de toutes les occasions pour connaître cette

1. La mort du père faillit être fatale pour la foi des cinq enfants survivants. Dès le mois suivant, séduite par de fallacieuses promesses, la mère enleva de force la petite Amélie du pensionnat des Dames Ursulines, qui l'avaient, pour ainsi dire, adoptée et elle s'en alla, avec tous ses enfants, dans sa famille et son village.

Là, Amélie, aidée par de ferventes prières et par le Curé catholique d'un village voisin, soutint une lutte héroïque contre sa famille et le ministre de l'erreur. On lui défendit d'aller à la messe; mais elle refusa, de son côté, d'aller au temple. Pendant ce temps, la charité travailla à la tirer de ce danger avec ses frères et ses sœurs. Mgr de Ségur, informé de vive voix du tout par le P. Directeur de l'Œuvre, lui promit de payer le retour de toute la famille et d'adopter le plus malheureux des enfants, atteint d'un

population trop dispersée, suivre ces bonnes gens de près et les presser, comme des enfants, de venir aux offices et aux Sacrements ;

2. Avoir un dévouement qui ne compte ni les dérangements, ni les fatigues et qui tient lieu des ressources absentes. La principale, sinon unique ressource de l'Œuvre, c'est la personne de son Directeur : elle n'a ni église, ni école propres ; ni organiste, ni sacristain, ni enfants de chœur ; ni revenus, ni la plus légère part à aucun budget ; elle avait une chapelle, qu'elle regardait comme la sienne : elle ne l'a plus ; l'hospitalité qu'elle a reçue, qu'elle reçoit encore n'est qu'une aumône. Ce Directeur s'occupe de tout, donne une leçon de chant avant de monter en chaire ; en surveille l'exécution hélas ! pendant qu'il est à l'autel ; conduit parfois les processions, quand il n'y a que lui pour les présider ; se voit obligé à se multiplier et à se dépenser presque au-dessus de ce que comportent les forces d'un seul homme ; j'en appelle au témoignage du R. P. Rousselin, mon remplaçant l'an dernier, pendant plusieurs mois, avec plus de dévouement que de santé. En dehors des offices, il faut être prêt à recevoir tout le monde ; consoler les uns, assister les autres ; multiplier les visites des malades, dispersés dans les neuf paroisses de la ville ; ne refuser à personne aucun de ces petits services, qu'il peut leur rendre par la plume, dans l'espoir de leur en rendre également qu'ils ne sont pas venus réclamer. A cette heure, quelques-uns sont fort préoccupés de demander la nationalité française, et en attendant cette faveur, (selon la formule) l'admission à domicile en France : leur Directeur obligé d'écrire ces pétitions à M. le Ministre offre à cette occasion et quelquefois fait accepter aux pétitionnaires l'admission à domicile dans une Patrie meilleure.

---

mal incurable. Restèrent à placer les filles. Une des plus jeunes, fut offerte à la sœur Guyho, Supérieure de l'Orphelinat des Filles de la Charité, rue Saint-Vincent de Paul, à Troyes : « Donnez-les moi toutes, mon Révérend Père », répondit-elle avec son grand cœur. Elle les eut et la charité catholique compta un triomphe de plus. Mgr de Ségur, dont la santé était déjà fort ébranlée, fit cependant, à un jour fixé, le voyage de Paris, pour recevoir, des mains de Madame Rondel et bénir le petit agneau arraché de la gueule du loup. Les cinq enfants ne cessent de prier pour la conversion de leur mère, qui assiste déjà aux offices catholiques.

3. Leur parler le langage de la foi qu'ils comprennent toujours ; entretenir en eux le souvenir de la piété de leur famille et de leur chère Alsace ; leur dire, ce qui vaut mieux que plusieurs exhortations : « Restez... ou bien : Redevenez ce que vous avez été chez vous » ; inviter quelque prêtre alsacien, notamment de Mulhouse, d'où les émigrés viennent en grande partie, à raviver ces souvenirs de vie chrétienne : ces dernières années, ils ont entendu deux vicaires de la capitale industrielle de l'Alsace : ils désirent, osent même espérer qu'un jour ils entendront M. le Curé Winterer, l'éloquent et courageux député français au Reichstag.

4. Les attirer aux Sacrements à l'occasion des bonnes fêtes, des dévotions, de leurs réunions mensuelles ; les faire venir aux offices par un chant fourni par une quarantaine de voix ; par des cérémonies extraordinaires, telles que la Première Communion des enfants, la Consécration générale annuelle des familles associées à la Sainte-Famille, les processions de la Fête-Dieu, de l'Assomption, du saint Rosaire, quelquefois présidées, ce qui nous honore beaucoup, par M. le Curé de la paroisse avec quelque membre du chapitre.

5. Prier et faire prier, en particulier sans doute, mais surtout en commun et dans la famille. Ainsi plus de 500 associés du Rosaire vivant récitent tous les jours leur dizaine du chapelet (1) — et 400 familles font chaque soir la prière en commun devant l'image de la Sainte-Famille (2).

6. Exercer, parmi ces croyants perdus dans une foule trop peu croyante, ce que l'on pourrait appeler un sauvetage continuel, en allant au plus pressé : aux malades, qui ne veulent pas mourir sans leur prêtre, et meurent généralement pleins de foi et de résignation, ce qui n'édifie pas moins les prêtres de leur paroisse que leurs voisins français, témoins de cette mort chrétienne ; protéger la foi menacée des parents : celle,

1. Les dames du Comité prient avec les pauvres qu'elles assistent. Elles forment la 33ᵉ section.

2. Association des familles chrétiennes, consacrées à la Sainte Famille de Jésus, Marie, Joseph, par la prière du soir faite en commun devant l'image de la Sainte Famille ; œuvre de restauration catholique, approuvée par le Pape Pie IX et enrichie d'indulgence et de faveurs spéciales ; fondée par le R. P. Francoz S. J. à Lyon. Pour de plus amples renseignements sur cette œuvre, répandue dans toutes les parties du monde, s'adresser au R. P. Francoz lui-même : ou bien au P. Directeur des Alsaciens.

encore plus menacée, des enfants, en les éloignant de l'école athée par tous les moyens et au besoin (Dieu merci! il ne m'a pas fallu en venir à cette extrémité) par le refus des Sacrements.

7. Se servir des uns pour gagner ou conserver les autres : des pieuses domestiques alsaciennes et d'outre Rhin pour exercer un apostolat sur les autres domestiques de leur pays respectif ; des femmes chrétiennes pour faire le siége de leur mari ; des enfants de la Première Communion, pour faire celui de leurs parents. Parfois, la mère et les enfants unissent leurs efforts pour vaincre l'obstination d'un père, comme j'en ai eu un exemple touchant, il y a trois ans. Deux communiants, Joseph et Marie, n'avaient pu déterminer leur pére à les accompagner à la Table sainte. La mére se mit de la partie, la veille du beau jour, avec tant de cœur et de persévérance qu'elle en faillit mourir. Mais le père communia le lendemain avec son fils et sa fille.

8. Un dernier moyen, Monseigneur, et celui-là des plus efficaces : leur faire aimer la religion en la personne de ses ministres et celle de son plus haut Représentant dans ce diocése.

Ainsi, tandis que, plus que jamais, on les traite d'étrangers (on ne leur épargne pas l'outrage du surnom de « Prussiens » : j'en ai vu pleurer de désespoir) ; tandis qu'on ne les repousse que trop, qu'on leur refuse même du travail, parce que, leur dit-on, ils auraient dû rester chez eux ; je leur fais remarquer la conduite toute opposée des ministres de Jésus-Christ ; il m'est doux de leur faire apprécier la charité apostolique de leur Evêque qui voit en eux des pauvres de Jésus-Christ, des chrétiens pleins de foi ; qui aime à leur faire l'aumône et m'a donné l'ordre de lui recommander nos pauvres les plus nécessiteux ; qui met à flot la caisse de l'Œuvre, quand elle est à sec ; qui est heureux de bénir tous les ans leurs enfants, en ce lieu même, à la Fête de l'arbre de Noël ; enfin qui vient de leur donner la Cathédrale, comme pour les rapprocher de son cœur de père (1).

1. *Prière d'envoyer une aumône en faveur de l'Œuvre au R. P. J...,* *directeur de l'Œuvre à Troyes, rue de la Monnaie, 8.*